내 작은 잔을 위하여

내 작은 잔을 위하여

지은이 · 천강래
펴낸이 · 유재영
펴낸곳 · 주식회사 동학사

1판 1쇄 · 2022년 6월 15일
출판등록 · 1987년 11월 27일 제10-149

주소 · 04083 서울 마포구 토정로53 (합정동)
전화 · 324-6130, 324-6131 | 팩스 · 324-6135
E-메일 | dhsbook@hanmail.net
홈페이지 | www.donghaksa.co.kr
www.green-home.co.kr

ISBN 978-89-7190-824-2 03810

천강래 시조집

내 작은 잔을 위하여

Sijo Poems by Cheon Kang Rae

동학사

■ 시인의 말

나는 너 너는 우리
우리는 나와 너
하나가 둘이 되고 둘과 두셋 모둠이라
우리의 시선과 심장
은빛 물결 흐른다.

흙속에서 곰삭아 다가온 예스러움
환하게 밝혀주는 묵언의 그윽한 표정
나 홀로 오백나한 칠정에 사로잡힌 그 시간
찾는 이 부르는 이 없는데
별빛 구름 사이로 떨어지는 따스한 풍경
마음결 빈 곳간 채우고자 서성인다.

2022년 여름

천강래

내 작은 잔을 위하여 천강래 시조집

01

02

03

04

05

01

메아리

무논에 도랑치고
미리 듣는 타작소리

능선을 감아 돌아
허공에 나풀거린

내 여윈
빈 항아리에
담아내는 그리움

조각보·3

하얀 밤 꽃물들인 박음질 공그르기
볼수록 따스해진 수십 조각 삶의 즐문
한 시대 보듬는 손길 차분하게 와 닿는다.

가슴 속 한복판에 진하게 새겨놓은
어머니 기도제목 흠뻑 쌓인 그 보자기
조상의 넋이 스며나 아늑하게 안긴다.

가라앉은 밝은 낯빛 어울림 되살아나
빛바랜 그 시절의 등불 아래 속삭임이
볼수록 수더분하게 숨소리가 들린다.

쏘내기

목마른 푸나무들 어쩌지 못하는데

훅 풍긴 흙냄새

가뭄더위 접으려나

천수답

거북등 긴 한숨

아버지 속주름 펴시려나.

돌산포구

바다는 둥글게 온몸 다 열어두고

날 저문 돌산포구
저 홀로 길을 낸다.

또 하루 뒤엉킨 잡음 무늬 표백하며 잊고 있다.

갈매기 허구한 날 허공에 밑줄 그어
내뱉은 저 시장기
생애 여정 재단하나
포구는 어머니 품처럼 포근하게 와 닿는다.

지친 몸 빈 잔 채워 서성이던 객군도
밟히는 노을 자국 비린내 배어들어
먼
훗날
연인의 가슴에 꽃잎으로 피어날

하루가 무성영화 필름처럼 감기어
하나 둘 보금자리에 꿈은 또 쌓여가고
저 바다
물안개 위로 실루엣이 날고 있다.

대기 시간

1. 면회실
그리움 피어오른 못 잊을 기억들이
보일 듯 스쳐가는 순간의 마디마다
마음의 기울기 울컥
솟았다가 이운다.

2. 간이역
객주라 자칭하는 쉬파리 어른거린
햇살이 반겨주는 간이역 그 대합실
나그네 적막 어린 공간 입김 불어 채운다.

3. 진료실
한 생이 썰물처럼 밀려가고 있을 때
제철에 꽃피우고 열매 맺기 힘겨웠나.
아니 나
이 마른 시간 무슨 셈을 하는가.

4. 극장 앞

발걸음 오가다가 멈칫 멈칫한 그때
침묵 속 살바람이 살품을 파고들어
은유로 다가오는 밤 속에 불을 지핀다.

어느 맛집

듣고 보고 한 번도 가보지 못한 집
관심과 무관심의 틈
길 건너 그 집인걸
풍기는 고소한 냄새 콧잔등이 간지럽다

민화 한 점

뚜렷이 다가오는 낯익은 저 형색 봐
날아든 참새 한 쌍 봄빛 담은 여인의 미소

꽃보다 아름다운 추억
아지랑이 피어난다.

서녘의 소달구지 키질하는 무명적삼
세월이 비켜간 고샅길
빗금 긋는 잠자리
마주본 그윽한 눈빛 석류알이 뜨겁다

울리는 농악소리 두레와 품앗이가
멀어져 잊혀가는 한 폭의 민화 한 점

흙 묻은 바짓가랑이
아버지를 보는 듯

소리의 맛

따스한 봄날이나
가을 산 단풍보다
푹 빠져 젖고 싶어 해변 찾아 나선다
찌든 삶 다 씻어내고 안겨주는 파도소리
난바다 끌어와서 한마당 반겨주는
윤슬의 밝은 미소 생기 넘친 아침나절
수시로 갈마든 애증 풀어지는 물결위로
분홍빛 설레임이 연안류 타고 넘어
조석파 철석거려 짜르륵 몽돌 굴리는 소리
물 향기 살아 숨 쉬는
소리의 맛 출렁인다.
물가에 서는 그날 마음 문이 다 열려
갯냄새 베어나는 메밀꽃 이는 소리
기다린 사람 없어도 안겨오는 그 소리

숨 고르는 자벌레

좌우상하 어디에다
기대고 머무를까

속앓이 타는 촉수 환생의 몸부림에

잰걸음
어디쯤인지
벌거벗고 헤아렸다

휘젓는 몸짓 울음
가랑비 젖어들고

대물린 너름새로 숨 고르는 깊은 적막

눈에 확
띄지 않아도
다른 한날 열린다.

모르고 가는 길

빈속은 더부룩하고
먹어도 헛헛한데
불콰한 포장마차 기우는 저 조각달
계절은 빛으로 말하고
인생은 패션이다.

오는 봄 꽃 지는 날 좌판 앞에 겨운 졸음
몇 굽이 짙은 그늘
밟는 곳 돌 자갈밭
준마에 채찍질해도 승자는 앞서간다.

걷고 또 뛰어넘어
달리고 매달려도
사는 일 별것이던가, 왜 그리 옹잘거리나
더러는 모르고 가나
꽃밭 볼 날 있다네.

물빛 하늘빛

누구는 좋아 웃고 아무개 속 타는데
냄새 밴 잡다한 것 간물에 헹구어서
하얗게
바래고 바래여
맑은 물빛 닮으리

기쁨과 슬픔사이 엄마 손 그리울 때
쓰거나 달콤한 맛 연잎위에 펼쳐놓고
버리고 챙겨야 할 것 색을 칠해 두겠네
쪽방촌 골목 어귀 낯선 별 찾아나서
쪼개어 베풀기를 올곧게 갈마들어
마른 잎 야윈 가슴에 환하게 불 지피고

혹한의 마른가지 경계를 넘어서서
겨울밤 움츠린 이야기 양지 녘에 펼쳐놓고
오는 봄
열린마당에
하늘빛 닮으리

빈 지게

눈에 띈 다홍빛에 까치소리 헛들어
가까이 있는 길을
그리 두고 돌고 돌아
저물녘 맑은 물소리
진흙발이 무겁다

수평선 황혼 자락 철새가 날고 있다
댑바람 등을 타고 어쩌지 못한 거먹구름
텅 빈 속 뭐로 채울까
소낙비가 그립다

가다가 가다 보면 누구나 다다를 곳
나달은 가야할 길
망설이는 갈림길
나 지금 지나 마나한
빈 지게가 힘겹다

늘어진 발씨

- 오동도 가던 날

가닿을 첫차 놓쳐 건반을 두들기다
아침 놀 타는 눈빛 설렘에 어쩌지 못해
그 품이 그리워져서 채비를 또 서둔다.

천리 길 뒤늦은 발걸음이 가볍다
파도가 부서지는 순간의 절망과 절규
금관 쓴 장옷의 여인 밝게 웃는 동백꽃

낙원의 오솔길은 늘 푸름 살랑거려
살가운 꽃잎사귀 향긋이 피어나는
출렁인 파도 소리가 사운 대는 숲의 얘기

02

4월의 산길

진달래 분홍 낯빛

색기 서린 발길이다

실바람 툭 치며 눈짓

옷고름 풀라하네

솔깃한 사연 빼곡히 떠들썩한 상사목

샤론의 꽃·2

– 아프리카 어느 선교사의 기도 손

땡볕이 비켜 앉은 구저분한 골목어귀
풍기는 역한 바람 끌어안고 머문 자리
품고 또 감내하느라
쏟아 붓는 더운 숨결

아련한 풀잎향기 들꽃의 마른 울음
가볍게 서지 못한 무채색의 쌓인 고통
눠라 저 헛헛한 마음 밭에
샤론의 꽃 피우나

구김새 펴지 못한 낯빛에 눈곱자기
엇박자 비스듬히 가락이 얽힐 때도
목이 멘 알땅의 허기
달랠 길이 아득한데

굴풋한 여정의 길 저무는 서녘 하늘
길 없는 펀더기에 무게 잃은 시린 발목
늘 봐도 낯설고 낯익어
다시 번진 들불이다.

구겨진 삶의 자락 연잎처럼 펼 수 없나
가라앉는 눈빛 속에 하늘빛 담으려고
몸 낮춰 십자가 지고
자드락길 또 오른다.

걸레

온갖 것 끌어안고 목이 꽉 메어도
눈물이 메말라서 소리 없이 곡을 하고
소매 깃 여민 막서리의 꾀죄죄한 저 낯빛

헐고 또 헤어져도 관심은 뒷전이라
살점이 떨어져나간 슬픔 다 잊고
숨겨진 구석진 자리
지새우는 하얀 밤.

장판지에 콩땜 하듯 회심의 침묵 속에
낯설고 낡은 것들 햇살 먹은 물빛으로
이 한 생 잔등이 터져
윤슬의 꽃 피운다.

주럽이 쌓인 나날 된시름 그냥저냥
갖은 고통 보듬어 가만히 내려놓고
몸으로 그린 수채화
새 향기를 풍긴다.

수굿한 어느 날

두더지 닮아버린 집 콕 일상 털고 나서
미사리 강변에가 "심봤다" 외쳐볼까
꽉 막힌 시어詩語 끌어내 계절 색 칠해볼까

겨울 햇살 받아 안고 속 차리려 찾은 강변
물길 밟아 내달리는 듬성듬성 자전거 무리
언 가슴
저이들처럼 휘휘저어 달려보랴

유럽 어느 강변 같이 펼쳐진 풍경 앞에
강바람 깃 세웠나 왜 이리 스산한가?
걷던 길
돌아서자 강 가로지른 백로 한 마리

낮달이 시새워서 눈구름 성잔인가
혼자서 입 다시다 텅 빈속 못 채우고
한 사내 메아리 없는 그리움에 젖는다.

새한의 바닷길

붉게 탄 노을 삼킨
네 눈빛 담은 손톱 달

물무늬 하얀 포말
머릿결 휘날리듯

멀고 먼
새한의 바닷길
복제된 네가 있다.

물안개 거두는 날

밀물 썰물 드나드는 그 마을 바닷가에
노을 녘 굴절되어 뒤척이는 풍랑타고
오솔길 갓 밝은 달빛 품안에 안겨온다.
너울이 널브러져 모래톱에 스며들듯
그림자 풀어헤쳐 퍼즐처럼 맞춰가며
속마음 다 비워내고 그대 곁에 서겠네.

덧없이 쓸려가다 절벽에 부딪쳐도
무너져 내린 속정 돋을볕 따사롭게
뉘 몰래 국화꽃 향기 앙가슴에 사춤 친다.
잡필 듯 뒤엉키어 맵고 짠 지난 일들
빛바랜 다반사가 돛배 마냥 흔들려도
조각달 물안개 거두는 날 힘껏 품어 주겠네.

저녁때

이민 간 친구가 고향 한번 가잔다.

그리운 고향집은 남쪽이다 누렁소가 풀을 뜯는 산중턱 키 작은 보리수 아래 옹달샘이 솟는 마을 디딜방아 소리 그치면 몰려들던 참새 떼가 다 이사 갔다. 집집마다 연기가 피어오른 저녁때 짚볼 차는 아이들로 북적이든 고샃과 마당은 엉겅퀴 개똥쑥 바랭이 망초가 진을 치고 텃세라 그 마당 밟아보지 못하고 돌아서는데 니네 여기 기웃거릴 곳 아니라고 뒷산 솔숲에 까마귀 호령소리 귓가에 맴돈다.

노을은 더 깊어지고 목이 잠긴 늦가을

점멸등

갈까
설까 말까
사방은 건널목 길

한순간
망설인데
뜬금없는 기적소리

오늘도
계산기 못 버려
되새기는
산법이다

내 작은 잔을 위하여

잊을까 잊을 수도
버릴까 버릴 수도

올서리 푸서리길 잎사귀 달구는데
마음의 비가 내리어 하얀 밤을 적신다

흥청대다 돌아서면
죽은 듯한 저 고요

이생의 여울 한 가닥 나래를 펴보지만
작은 잔 달콤하게 채워 치켜들 수 있으랴

"바라는 것의 실상은 무엇이며, 보이지 않는 증거"*는 무엇인가
눠라 저 고난의 쓴잔 감당할 수 있으랴.

---

* 히브리서11:1

바람의 언덕

- 코로나19 거리두기

오늘도
닳도록 떴다지는
바깥세상 소리 무늬

너 없이
내가 누린
절름발이
일상의 그리움

사막의
모래알들이
그려내는 바람의 언덕

단 호박

푸 딩딩
별로인데
귀엽고 맛있다고

그래도 손녀 집에 보내야 한다고

꺼칠한
할머니 손에
바구니가 들렸다

유리 바람벽

풋눈 내린 달동네

구멍탄이 아쉽다

“신 밑창 나간 발가락보다 마음이 더 춥다”

거리의 사람들 마음자리

명품에 더 쏠린다.

일차선

숲 사이
기슭 헤쳐
들짐승 넘나드는

별똥별 빗금 긋는
누이의 가르마다

요철로
뒤엉킨 여정
빈자리가 돋보인다.

03

마푸토의 불빛

- 원양 어부

어둑한 하늘자락 받쳐 든 난바다에
뭇별이 곁들이는 너울과 씨름하는데
아득히 마푸토의 불빛 그 거리가 삼삼하다.

내 안의 여울목에 만선의 깃발 꽂고
상현달 어른거린 물빛 은유 한절 새기려다
멀기가 밀려든 뱃전 포말처럼 사른다.

두 아이 서린 눈빛 아내의 살 냄새며
배어든 밤바다에 붉은 가슴 저미다가
세상사 다 풀어헤쳐 파랑 또 벗 삼는다.

눈 비빈 아침노을 풍랑의 갈피 속에
사방은 열린 마당 내니널 흙이 없나
불현듯 밥상머리의 떠오르는 가족들

어느 무더운 날 부처손

가풀막 땡볕 아래
부처손 움츠린 잎

산그늘 습한 기운에
짙은 녹색 활짝 편다.

오르는 길 헐떡인데
골바람이 등 떠민다.

입춘 무렵

산수유 꿈결 속에 파고든 눈석임물

흩날린 실바람은 예서체 풀어내고

복수초

잔설 품에 안은

당당한 저 환한 낮빛

오백나한 序

–영월 창령사 터 오백나한 전시회를 만나

거칠게 다듬어진 서로 다른 얼굴들
오백년 푸른 세월 가부좌로 흙에 묻혀
소박한 온갖 낯빛은 모든 경계 허문다

'인생은 파란 같고 세상길은 굴곡인데'*
그리도 차분하게 돌덩이 깔고 앉아
하 세월 풍상 접고서 볼만장만 하는가

안개 낀 산촌마을 음산한 풍경에도
굵직한 옷 주름에 해맑은 저 표정은
이생의 꽃을 보고도 비켜 앉은 적멸인가

비죽이 내민 입술 본 듯한 친근함이
겨운 몸 다가서면 가진 것 다 풀어 져서
무슨 일 있었다는 듯 지근거리 머뭇댄다.

---

* 李白

스치는 순간마다 난 향기 피어나듯
언제 또 볼지 모른 그리움 아쉬워서
한 번 더 그리 사로잡혀 끌려드는 것인가

오백나한 · I

1. 구름 가듯
따스한 노을 안고 안산에 구름 가듯
보고 보면 볼수록 차분하게 가라앉은
담담한 낯꼴의 매무새 다가오는 정겨움

2. 숨 쉬는 꿈결
산이 돌아앉고 강이 역류한다 해도
영혼은 편안하게 숨 쉬는 꿈결 속에
뉘라 저 그리도 평화롭게 맞아주는 것인가

3. 만사무석萬事無惜
이 세상 비켜 앉아 버릴 것 다 버리고
영원히 변치 않은 다소곳한 저 자세
꽃구름 일고지 듯이 만사무석 형상인가

오백나한 · Ⅱ

4. 희喜

손톱달 어슬녘에 파란 다 접어두고
어둠 속 불 밝히듯 잃은 길 바로잡아
국화꽃 향기 풍기듯 물빛으로 사른다.

5. 노怒

눈감고 다무신 입 모든 장애 타파하려
못 버린 우리네 속성 깊숙이 묻어두고
풍상에 이는 물결을 가라앉혀 놓는다.

6. 애哀

'외로운 등불 하나 밤새껏 밝아라'*
호수에 앉은 달빛 구름 배고 꽃잠 들듯
근심 다 쓸어버리고 물소리에 잠긴다.

* 변계량卞季良

7. 락樂

아침노을 물결 위로 꽃잎 물고 나는 철새
온 마을 환희에 젖어 풍악 저리 들썩인데
깃털의 무아지경에 마음 고름 하는가.

오백나한 · Ⅲ

8. 애愛

사무친 그리움 사연 깊이 안기는데
순간마다 들썩이고 뜨겁게 얽힌 가슴
즈믄해 바람결에도 암향부동 사르는가

9. 오惡

노을 녘 비수 꽂고 호계虎溪를 찾아 드는
생사의 경계에 매어 보갚음 가득한데
마음 다 제어해두고 달빛 품은 인형인가

10. 욕欲

나, 사랑 명예 욕망 다 가져 누리려고
아등바등 버거운 짐 애면글면 사품 친데
한 순간 민들레 깃털 휙 날려버린 저 고요

11. 구懼

동굴 속 적막강산 가사장삼袈裟長衫 뒤집어쓰고
검은 좀비 불을 살라 말끔히 씻어내고
가볍게 한 조각 뜬구름 골바람에 사른다.

오백나한 · Ⅳ

12. 증憎

고달픈 자드락길 덧없는 세월 속에
집착 탐욕 무거운 짐 깊숙이 가라앉히고
비무리 지나간 자리 깔끔하게 안긴다.

13. 우憂

빗소리 바람소리 천둥번개 요란한데
시름 깊은 얼굴빛 어디에서 찾아볼까
스르르 감겨드는 눈빛 우담화가 보인다.

14. 경驚

날마다 오가던 길 땅 꺼짐 눈앞인데
덴가슴 한순간에 삭풍에 날려 보내
심화를 가라앉히어 얌전하게 지운다.

15. 공恐

불현듯 몰아치고 두려움 갈마드는
삶의 자락 별별 수난 밤의 얼룩 제쳐두고
환하고 맑은 낮빛이 그리도 평화롭다

오백나한·V

16. 정情

광장을 지나가는 타향에서 만난 친구
순간마다 사무치던 마음에 얽힌 일들
어찌 늘
열린 세상을
접어두고 품는가.

17. 비悲

능선에 가물거린 외롭게 떠도는 별
지그시 눈을 감자 가물거려 복받친데
갓 밝은
가슴 열어젖혀
가볍게 짓는 미소

오백나한 · Ⅵ

18. 수愁

수시로 거먹구름 오락가락 드리우고
세속의 다반사들 잠시도 못 버린데
속 근심 낮달에 걸어놓고 명상 깊이 드는가.

19. 사思

가살에 어루꾀고 자만은 파랑 같아
든 버릇 벗지 못한 내 자유 없는 자유
갓 맑은 정각正覺의 표상 숨소리 엿듣는다.

20. 선禪

험난한 그 먼 길
조용히 돌아 앉아

하 세월 그냥저냥 삭히어 또 비우고

세상사
다 돌려놓고
만사를 꿰뚫는가.

봄날은

잎 진 상처 여몄다가 슬며시 내밀 때

목메어 울던 아이 울음 값 알아챘다.

맺힌 결 펼치려는데 밤사이 꽃 다 졌네.

대나무 숲길

난세에 활과 죽창 승패를 가름하든
뭇별을 품에 안은 피리소리 담을 넘고
대나무 숲길 저 끝은 궁궐의 쪽문 같다.

연두 잎 햇살무늬 사념 다 바로잡아
숲 바람 혼을 지펴 살품에 스며들어
잡다한 속 비워내고 가볍게 걸으란다.

달빛에 눈물 쏟고 눈보라에 시달리다
골 깊은 살바람에 곤잠 깨고 솟는 죽순
애환 다 가라앉히는 만파식적 울림 인다.

봄꿈

절벽 밟고
섬뜩 놀라
돋을볕 끌어안다

할 말은 가득한데
얼어붙어 깨문 입술

살바람
스쳐간 자리
동백꽃잎 쌓인다

여기 이 소리

뿌으윽 쁘드득 뻑 뿌드득 뻑 뿌드득

온갖 잡티 묻어버린 온 누리 백의무봉白衣無縫
당신의
징검시침질
한 올지는 날이다.

숨었던 도둑처럼 슬며시 다가와 말없이 잠을 청한 속뜻 알 수 없어도 내 집 앞 새길을 내어 오신 손 반긴다.

쁘드득 뿍 쁘드득 뿌으윽 쁘드득 뻑
이 한 낮 하얀 빛깔 따라나선 발길이
손톱달 아래 환한 임의 체온처럼 따습다

가볍게 내려앉은 이리 하얀 정겨움이 길동무 곁에 없으나 하늘빛 담은 풍요로움
모처럼 계절이 흔들고 간 발바닥 만진 소리

뿌드득 뿍 쁘드득 뿌드득 뿍 쁘드득

쁘, 뿍, 빽 리듬 따라 천의무봉天衣無縫에 감겨들고
목이 흰
갈대꽃 하나
정이 겨운 먼 생각

산딸나무 곁에 서다

네 자매 하얀 꽃잎 산딸나무 합창소리
가까이 바짝 붙어 보고 듣고 만져볼까

내 안에
너의 낮은 음역音域
사품 치는 노을이다

홀연히 다가서는 무표정 낯빛으로
마음 곱게 기대어 안아보고 싶던 날

못 잊을
해야 할 한마디
돌아서고 말았다

04

메꽃

그 누구
닮았다고
그런 말 하지 마오.

어쩌다 그렇더라도
줄장미 속
찔레 같은

오로지 그리움 하나
일편단심
한 빛깔

멍 ~

스르륵 살품으로 안기는 명지바람
푸른 물결 넘실넘실 그리도 좋았더라
허 허 허
화천대유火天大有*라 그리 불던 남동풍

무슨 깃발 펼쳐들고 얼마나 휘두를까

매무새는 무엇을 또 어떻게? 민초들 어찌하나 어딜 보고 무얼 할까? 팔다리 멀쩡한데 가스가차고 허기진다. 어~허 배불뚝이들 굳은 땅 밟고 하늘 처다 보는데 천의무봉天衣無縫 펼쳐놓고 발자국 남길 건가 진흙 탑 쌓을 건가? 녹슨 철탑 세울 건가? 몇 되 몇 말 몇 섬쯤 담아서 퍼내고 매기려나? 오관을 열어두고 조금만, 조금만 더 기다리려 보자구나 절기는 돌고 돌아 꽃이 피고 숲은 우거져 그 속에 새가 울고 낙엽은 쌓이고 또 쌓여도 때가되면 새움은 돋더라.

아서라 멍. 멍-때린다. 멍자국 그 자국…

---

* 火天大有(天火同人) : 周易의 64괘 중(13번째가 천화동인 14번째가 화천대유로) 으뜸이라는 괘, 하늘의 불에 해당하는 태양이 천하를 비춰 뜻을 같이하는 사람이 크게 어떤 목적을 얻는다는 뜻.

어디로 날을 거냐 독수리 날개 소리
어찌된 일이더냐 해안선이 기우느냐
아 이런
천화동인天火同人걸 어이 부나 북서풍

▶ 2021년 터진 성남시 대장동사건.(250~300만원 월급 받고 6년 근무자 퇴직금이 50억 원이라~멍?, 3.5억 원 투자해 4천억 원 배당이익이라~멍?, 8,500억 원 부당이익~멍!)

숨, 세 마디·2

- 코로나19

1.

빈 상자 쌓아올린
땟국 낀 늙은 리어카
검버섯 잦은 숨결 그늘마저 무겁다

꿈결엔 환한 웃음꽃
눈을 뜨자 바람꽃

2.

포근한 기계음 속
가물거린 손놀림들
날마다 듣고 봐야 맘 편한 일과이기에

어쩌랴 꽃구름 조각
퍼즐처럼 맞춰간다.

3.

경계도 총성도 없는
온누리 싸움터에
허기져 깨문 입술 어두움 다 걸어내고

살 냄새 서로 맡아가며
코끼리처럼 걷는다.

틀박이

- 어떤 증언

1

실구름 서녘하늘 노을 안고 쉬는 틈에
누구는 몰랐다고
아무개는 보았다고
꽃잎이 떨어지기 전 틀박이가 웃었다.

2

솟는 해 쳐다 보고
콧방귀 뀌는 사내
기우는 햇살 잡고 말을 바꾸는 사이
슬며시 뒤돌아서라
틀박이의 눈짓이다

3

쇠말뚝 박았다고 다되는 줄 알았다가
거머쥔 어처구니 이리저리 돌리는데
세상일 돌고 도는 것
입·눈 감은 틀박이

바닥

뜨겁게 작은 것을 끌어안으려는데
아득히 저 먼 허공 오로라에 홀린 밤
내 눈은 뭇별을 봐도 담을 수가 없다

진실과 거짓 사이 장해물이 진을 칠 때
무대 위 춤사위 장막이 가로막을 때
바닥을 치고 올라야 밝고 먼 길 볼 수 있다

조명을 비춘 순간 흑암으로 덮이는데
급류에 휩싸일 때 부표가 손에 닿는 날
내 마음 다툼이나 허영 품을 수가 없다

뿌리는 씨앗이 어디에 떨어졌는지
바라볼 화려한 열매 얼마나 더 맺을지
흙바닥 파헤쳐봐야 가늠할 수 있다

대사증후군

다 아는 시렁집에 현수막 내어 걸고
떨거지 나팔소리 분별없이 휘둘리다
저물녘
만성피로증
어찌하나 두름길

허공에 새떼가 이리저리 날고 있다
꽃구름 곁에 두고 무얼 그리 톺아보나
아 저런
다발성 관절통
가야할 서덜길

초원의 그 자리가 메말라 사막인데
리카온·하이에나 떼 먹이 두고 마주했다
말 못할
대사증후군
먹었다고 그만인가.

핑계

간밤은 너무 길어 생각이 졸도 했어
처음 본 낯선 사람이 우리식구라네
행복이 가득하다고 방안 누가 웃었다.

연말 모임 모두가 환한 낯빛이다
헛디딘 문지방에 허리가 부러졌데
응급실 대기 중이라던 회장이 걸어온다.

연령·1

1. 지학志學

마음이 가는 곳은 눈과 귀가 열리어
춘풍에 꽃눈 일듯 글 읽는 소리 듣고 보내
삶의 길 배우고 닦는 일 뜻을 새긴 남아다

2. 과년瓜年

복사꽃 싱그럽게 한때를 풍미하는
달빛을 끌어안고 그리움 싸매는데
수줍어 솟는 햇살이 치맛자락 만진다.

3. 약관弱冠

해 돋는 망망대해 색바람 어른거린
품은 뜻 동여매고 자나 깨나 하염없이
온 누리 태산을 넘어 무지개길 달린다.

4. 방년芳年

애끓은 봄의 시름 저 홀로 적신 눈물
밝은 달 끌어안고 스스로 들여다봐
몸과 맘
닦고 세워서
귀밑머리 다듬네.

연령·2

5. 입지立志 (而立)

파도덩이 잠재워
돋을볕에 푯대 꽂고
밝은 세상 넓은 들에 봄 꿩의 읊은 소리
저 온갖 무슨 소음인가
광야에 길을 낸다.

6. 불혹不惑

몰아친 고추바람에 소나무 흔들리고
봄 볕드는 날 화들짝 뜨건 가슴 설레어도
늘 푸른 무채색의 존재 아무나 열 수 없다

7. 지천명知天命

맨발로 뛰어올라
꽃구름 잡아볼까
세월에 실려 가는 파도 위의 돛배인데
흐르는 물길 따라가자
하늘빛이 환하다.

연령·3

8. 이순耳順

작달비 느닷없는 묵언의 경전 같은
웃음과 울음사이 꽃잎과 낙엽사이
내 등의 무거운 짐이 열매인걸 알았다

9. 환갑還甲

지난날 안개비와 그리 환한 봄날 같은
인생사 기쁨 근심 사르고 접어두고
섶다리 왔던 그 길을 신작로로 열라하네

10. 진갑進甲

연륜은 물결 위로 호수처럼 펼쳐지고
욕망은 시퍼렇게 돌탑마냥 쌓이려네
이제는 손을 활짝 펴 돌아보고 내딛이라.

11. 고희古稀 (從心)

강물은 찰랑거려 덤으로 가는 세월
비밀 다 풀어 놓아도 붉히지 않는 낯빛
계절은 무르익어서 상형문자 읽는다.

연령·4

12. 망팔望八

한마음 가다듬어 번뇌 허욕 내려놓고
구르는 옥 소리처럼 가볍게 걸으려네
돌아본 그 등굽잇길 삶의 마디 아련하다

13. 산수傘壽

안산의 소나무들 백로 떼를 휘젓는다
아직은 네 배설물 받아낼 때 아니다
이십 리 밖 저산 넘어 네 쉼터를 찾아봐

14. 망구望九

삼경의 달빛에 고향천리 돌아보고
나무 잎 흔들림에 임의 숨결 만지며
수려한 시구 찾으려 앞뜰을 서성이네.

15. 미수米壽

앞뜰과 뒤뜰 사이 어스름 장막 같은
보일 듯 보일 듯이 다가왔다 멀어지는
바람이 흔들고 가는 대나무 숲 걷는다.

연령·5

16. 졸수卒壽

꾸러기 손자 녀석 둘째가 태어나는 날
햇살이 선을 긋고 가는 곳 어디인가
서녘의 저 붉은 빛에 눈을 떼지 못 한다

17. 망백望百

깜박 깜박인데 백리길 보라하네
아홉 타래 뒤로하고 한 타래 챙기려니
선달의 그림자 위로 천리마는 달린다.

18. 백수白壽

봄바람 불어와도 정상의 눈 녹지않고
그리도 환한 낮빛 검버섯 진을 치고
장밖은 한겨울 빛이 서녘놀에 잠긴나.

연령·6

19. 상수上壽
창해滄海에 홀로 젓는 노
그리움이 아른거린
무관심이 관심이라 볼일이 무엇인가
가는 길 열려있는데 그날을 알겠는가?

20. 황수皇壽
물건을 사들 때 덤이 더 좋았더라
지금껏 강건함이
이만하면 덤 위에 덤이라
바랄 것 또 무엇이랴 하나님의 뜻이려니

21. 천수天壽
빈들에 가을소리 계절 색 희미하고
타고난 명 다 누려 부서지는 파랑이네
마음결 무엇을 바라고 더 누리기 탐하랴

나무말미

- 카 블랙박스

태 둘러 또렷하게 확실한 눈썰미로
구부정한 잡음일랑 다 펴서 휘어잡고

곧게 선
험한 소금기둥
고스라니 허문다.

바람 여민 하늘가에 잡다한 메아리를
단숨에 갈아엎는 못 말리는 한 장면

젖은 날
튀긴 흙물 씻는
나무말미 햇살이다.

어처구니

어느 날 느닷없이 王자를 펴보이자
누구는 희죽 웃고 무리는 어리둥절
세상사 어처구니는 있다 없다 하는 것

조가비 낚아채서 돌아선 문어 같은
잠 설친 바람소리 꿈결처럼 바뀐 명암
쟁이의 요설에 따라 어처구니 빼어들어

좌우로 돌려대나 상하로 휘두르나
한살이 이러나 저러거나 바뀌고 바뀔걸
몸에 밴 위리안치를 탈출하기 쉽잖다

너 누구신가

너 누구시라고

너 무엇이라고요

너 뭐라고

너 무엇이어

너 무엇이 어째

너 어디라고

너 무엇한다고

너 뭐 모른다고

너 뭘 보나

너 뭐여

너 뭐한다고

너 뭘 생각해

너 어쩔 거야

너 뭐라고

05

너 누구신가

1
먼 길 떠나려다 눈앞의 꽃다지들
클래식 품으려다 팝송에 묻혀버린

삶의 한 풋대에 매이지 못하는 주변인

2
창가에 번진 향기 철새가 물고 나는
하늘빛 싱그러움 돋을볕 가득한날
블랙홀 아니 화이트홀
찾아 나선 보헤미안

3
못 잊는 첫사랑의 그림사 찾아 헤낸
그대 곁 맴돌며 서리 좁히시 못하고
곧 개봉 앞둔 1인 2역
오페라의 주인공

4

세상사 뭐라 해도 예술이 금이라며
만종 같은 그림 그려
낙관 하나 찍고 싶었는데
도전이 늘 즐겁다는 IT창업 사업자

너 누구시라고

5

숲속에 길을 잃어
엉킨 속 열고 푼데
들어 줄 말 깔고 앉아
말줄임표 모르는
우유니 소금사막을 들먹거린 카운슬러

6

좋은 걸 더 보이려 새로운 것 찾아나서
시장통 오가다가 길 잃고 허둥대는

출구를 옆에다 두고 출구 찾는 길라잡이

7

가슴에 안겨버린 천수답 떠밭때기
떠먹일 수다식솔 허리띠 졸라매는
삶의 결 엇갈린 애증 종갓집의 맏아들

8

샛별과 그믐달을 벗 삼은 하늘아래
오로지 길 그림에 능숙한 하루일과
매일 본 승객 모르는
마을버스 운전수

너 무엇이라고요

9

세상이 역병의 동굴에 갇히어도
내일도 어제처럼 그날이 그날 같은
그물 속 물고기 마냥 구멍가게 주인장

10

섬김을 벗 삼고 사립문 넘나드는
가족이 어른거린 버거운 하루하루
동틀 녘
무거운 발걸음
인력시장 날삯꾼

11

버릴 것 못 비워 지닐 것 못 채우고
내 여생 앉아 뭉갤 움막을 시으려나
무엇을 어떻게 할지 망설이는 어중이

12

해무 속 썰 물결에 난바다 휘저으며

금계국 웃는 아침 만선의 깃발 치켜든
유흥가 더듬고 있는 어설픈 마도로스

13
밤낮이 흔들리는 계절과 계절사이

영원한 라이벌전 자책골로 시름하며

후비고 잠 못 이루는 빈손 부빈 골게터

14
중심 잃지 않으려 다지고 다졌는데
좋은 한철 꿈결 속에 멍이든 줄 모르고

구름에 달 가듯 떠도는
애오라지 나그네

너 뭐라고

15
무심한 난바다에
뱃고동 흔들릴 때

한 사랑 영상 마저
풍랑에 부서질 때

정착할 불빛을 찾는
어로선의 초보 선장

16
돌다 멈춘 바퀴 같은 마음 결 풀어헤쳐
꿈에 그린 백자 하나 비지고 달궜는데
일상사 새우지 못할 초벌구이 항아리

17
자유도 괴로움도 기울여보지 못한
열정을 삼켜버린 매끈한 몸매 하나

애당초 가질 것 못 가진 속이 텅 빈 마네킹

너 무엇이어

18
곡두 같은 아지랑이 얼어붙은 때에도

연둣빛 초록바람 슬며시 안기려고

혹한 속 햇살을 챙겨 바장이는 산수유

19
가지 끝 꽃샘바람 보란 듯이 휘두르며
모퉁이 길 봄빛감고 맛깔스레 채색하는

움츠린 가슴 활짝 펴라
웅변하는 개나리

20
익숙한 꽃밭 향기 진풍경에 젖어 살다
날이 새고 지도록
옷가지 하나 못 챙긴
어떻게
사는지 모르는 벌거벗은 민달팽이

너 무엇이 어째

21

사는 게 무어라고 빛 고운 너울타고
한평생 별빛 아래 알프스 넘나드는
이 가을
어쩔 수 없어
날개 젓는 앨버트로스

22

건기의 끝자락 가공할 허기 달랠
살벌한 광야에 먹구름 드리운 서녘

막 잡은
임팔라 빼앗긴
세렝게티 지나

너 어디라고

23

어둑한 지하 한 칸 방 도배하다

거나한 낮빛으로 밀 밭둑 건너와서

심난한 맘 달래려고

출렁이는 개울가

24

갯바위 낚시하며 너울과 싸우다가

석 점진 9회말 무사만루 뒤로하고

무관중 무대 위에서 리허설에 빠져있다

너 무엇한다고

25
콩깍지 발바심해 쭉정이 나비질하다
천식 앓은 사랑방에 군불 때야 하는데
휴대폰 문자를 보고 어찌하나 헛갈려

26
서녘의 붉은 노을 가슴에 새기려고
낯 안개 짙게 깔린 길섶을 서성이다
가풀막 낮달 등에 지고 기어오른 고갯마루

27
온갖 상처 꿰맨 흉터 어둠 다 불사르고
잠든 별 품에 안고 한숨을 돌리려다
9번가 모노드라마 힘이 겨운 주인공

28
큰 그릇 찾아들고 무엇을 또 채울까
인생사 살기다툼 녹녹치 않는 것을
그래도 비워야 하는 것 모르고 살았다.

너 뭐 모른다고

29

북극성 오른쪽의 다 안다는 별자리

애써 가꾼 화분의 늘어진 꽃 이름

나 지금 책꽂이에서 찾고 있는 책 제목

너 뭘 보나

30

흔들린 풀잎이며 열구름 떠간 하늘

골목의 빨랫줄에 너절한 내복들

사시절
떠돌아다닌
장돌뱅이 뒷모습

너 뭐여

31

덧없이 지난 하루 짓누른 빌딩의 숲속

흔들린 나무 사이로 십자가가 나를 본다.

내가 질

죄 값의 십자가

그림자가 무겁다

너 뭐한다고

32

세상은 흔들리고
세월은 도망간다.

움켜쥔 맘 비우려 다짐하는 중인데

저 멀리 기러기 행렬
눈길 사로잡는다.

너 뭘 생각해

33

가을이 가기 전 꼭 만나자는 그 사람

무대에서 나를 향해
손 흔들던 인기스타

건들지마
살품 파고들어
중신이 흔들린다.

너 어쩔 거야

34

들고 나는 물때 따라
네
표정 쳐다보고

잔물결에 반사된
나
들여다 볼 거고

아무도 풀지 못하는
암호집
심을 거라고

너 뭐라고

35

그리도 딱하고 한참 딱한 친구야
이러나 저러거나 서녘 꽃길 하나인데
왜 그리
묻고
또 묻나
척할 것이
없다고

해설

상호의존과 존재인식

이송희(시인)

상호의존과 존재인식

이송희(시인)

1. 길 위의 존재

모든 존재하는 것에는 선후先後가 없다. 모든 존재는 늘 동시同時이자 동체同體다. 『도덕경』에서 언급한 유무상생有無相生은 무無에서 유有가 창조되어나온 것도 아니며, 유有가 있어 무無가 있는 것도 아니라서 서로가 서로에게 의존할 수밖에 없는 동시이자 동체인 존재라는 의미다. 무엇이 있고 없고의 문제는 상호의존적일 수밖에 없는 개념이다. 일체의 모든 것은 각각 따로 존재한다는 것을 증명할 방법이 없다. 인드라망Indra網은 불교의 신적 존재 가운데 하나인 인다라(Indra), 즉 제석천帝釋天의 궁전을 장엄하게 꾸미고 있는 유리알 그물을 가리킨다. 제석천의 궁전에는 수만의 유리알이 서로를 비춰주면서 끈끈하게 연결되어있음을 보여준다. 유리알은 또 다른 유리알을 비춤으로써 스스로가 존재한다는 것을 인식한다. 모든 것은 상호의존적이라는 것이 불교의 연기설緣起說이다. "모든 존재는 이것이 생生하면 저것이 생生하고, 이것이 멸滅하면 저것이 멸滅한다."는 만물의 상호의존성을 강조하고 있다. 이 세상이 어떤 한 가지 존재만으로 가득 채워져 있다면, 그 존재는 실상 없는 것과 같다. '나'만 있으면 '나'는 존재하지 않는 것이 된다. 왜냐하면 그 '나'는 결코 인식의 대상이 될 수 없기 때문이다.

우리는 서로의 존재를 통해서 자신의 존재를 인식할 수 있고 알 수 있게 된다. 우열優劣을 가리는 것도 선후先後를 가리는 것도 아니며, 늘 동시에 동체로 존재하는 것이라고 보면 된다. 삶과 죽음도 마찬가지다. 죽음 없이 삶을 알거나 삶 없이 죽음을 알지 못한다. 또한 삶과 죽음은 원래부터 함께 존재한다. 이는 음양陰陽으로 나누어진 물질세계를 살아가는 뭇 생명체에게 주어진 숙명적 비극이라 할 수 있다. 선善과 악惡도 같은 맥락에서 이해하면 된다. 하지만 인간은 이 비좁고 날카로운 경계 위에 서서, 그 어디에도 치우치지 않고, 균형과 조화를 이루며 살아갈 수밖에 없는 존재다. 모든 것을 아우르며 살아가야 하기 때문이다. 그렇지 않으면 물질세계에서 살아갈 수가 없으며, 결국 무너지고 만다. 한쪽으로 치우치거나 어느 한쪽만을 붙들고 살아가다가는 물질세계에서 추방당할 수 있다. 상황에 따라 이기적인 태도를 취할 수도 있고, 희생하는 태도를 취할 수도 있으며, 그 외의 다양한 태도를 취할 수도 있지만 지나치게 한쪽으로 기우는 것은 바람직하지 않다.

천강래 시인의 시집 『내 작은 잔을 위하여』는 이러한 존재의 상호의존성을 인지하는 데서 출발한다. 빛과 어둠, 삶과 죽음, 기쁨과 슬픔, 있고 없음 등과 같은 상반되거나 양가적인 개념들이 공존하고 있어서 긍정적 마음을 품고 위태로운 일상을 견뎌내며 기다린다면 분명 희망을 만나리라는 고진감래苦盡甘來의 정신이 행간에 물들어 있다. 시인은 일정한 테두리에 묶여 변동이 없는 삶을 사는 듯하다. 이 말은 그가 일정한 틀에 박혀 삶을 단조롭게 반복적으로 산다는 의미가 아니라 존재의 상대성을 인정하고 이 순간에 찾아오는 고통스럽고 아픈 정서들에 맞서 견뎌내다 보면 희망은 온다는 굳건한 믿음을 갖고 있다는, 정신적인 영역으로 해석된다. 생전 고향을 떠나지 않는 사람처럼 그는 오래되고 소중한 그리움과 함께 한다. 그는 기억 속에서 지금은 달라진 고향의 하늘을 보고 들판을 달려보기도 하고, 이미 떠나간 어머니 곁에서 조각보를 깁는 모습을 바라보며 숨결을 느끼기도 한다. 그는 그리운 시·공간과 지금 여기의 순간에 들어앉아 오가는 존재들과 동행한다. 시인의 말에서처럼, "나는 너 너는 우리/ 우리는 나와 니/ 하나가 둘이 되고 둘과 두셋 모둠"이기 때문이다. 온전히 '나' 혼자만은 존재할 수 없고 우리는 모두 하나로 연결되었다는 의미일 것이다. 그래서 천 시인이 데려오는 저녁 무렵과 바다 한가운데의 이미지들은 낯설거나 어색하지 않은 것이다. 그는 "별빛 구

름 사이로 떨어지는 따스한 풍경"을 품고 "마음결 빈 곳간 채우고자 서성"이고 있다.(시인의 말)

2. 기다린다는 것은

1. 면회실
그리움 피어오른 못 잊을 기억들이
보일 듯 스쳐가는 순간의 마디마다
마음의 기울기 울컥
솟았다가 이운다.

2. 간이역
객주라 자칭하는 쉬파리 어른거린
햇살이 반겨주는 간이역 그 대합실
나그네 적막 어린 공간 입김 불어 채운다.

3. 진료실
한 생이 썰물처럼 밀려가고 있을 때
제철에 꽃피우고 열매 맺기 힘겨웠나.
아니 나
이 마른 시간 무슨 셈을 하는가.

4. 극장 앞

발걸음 오가다가 멈칫 멈칫한 그때

침묵 속 살바람이 살품을 파고들어

은유로 다가오는 밤 속에 불을 지핀다.

-「대기 시간」 전문

기다리는 의식에는 기약이 없는 경우도 있고, 때로 주체가 기다리는 대상에 대해 노예가 되는 경우도 있다. 시인은 면회실, 간이역, 진료실, 극장 앞이라는 각기 다른 상황에서의 기다림을 이야기하며 그가, 기차가, 면회 대상자가, 의사가 올 때까지의 대기실의 정서를 그려낸다. 기다리는 대상은 때가 되면 올 수도 있지만, 혹여 오지 않는다면 기다리는 시간만큼 실망이 따라올 수 있다. 삶에서 기약이 없는 기다림을 종종 경험한다. 분명히 온다고 믿지만 언제 올지 모르는 기다림이 분명 있다. 또한 행·불행과 상관없이 우리가 무의식적으로 기다리는 것에는 죽음이 있다. 우리 모두 의식하지 않으려 하기 때문에, 미처 인식하지 못하는 것일 뿐이다. 면회실이 있는 곳은 군데니 교도소, 중환자실 등으로 허락된 시간만 상대를 만날 수 있다. 면회실이라는 말 자체가 자유롭게 상대를 자주 볼 수 없고, 접수를 하면 일정 시간 기다려야 하는 곳임을 말한다. 그리고 기다리는 대상은 격리돼 있거나 외따로이 지내는 사람들인 경우가 많다. 그런 까닭으로 다음의 만남을 기약할 수 없다. 그러므로 보고 와도 "그리움이 피어오른 못 잊을 기억들이" 따라다녀 "마음의 기울기"가 울컥 솟았다가 이우는 것이다.

간이역은 공간의 이동에 관해 생각하면 될 듯하다. 지금 이곳에서 떠나려고 하는 사람이 기차가 오기를 기다리는 상황이다. 누군가를 맞이하거나 누군가를 만나러 가기 위해 기차를 기다리는 것이고, 아니면 새로운 장소로 떠나기 위해서 기차를 기다리는 곳이 간이역이다. 간이역의 대합실에는 "나그네 적막 어린" 그 순간이 잠시 잠깐 스쳐 간다. 진료실은 자신을 치료해줄 의사를 만나 상담하고 치료를 받는 곳이다. 일반적으로 내담자는 접수 후 순서를 기다리며 진료실 앞 의자에 앉아 있다가, 자신을 호명하는 의료진의 목소리를 듣고 의사가 있는 진료실로 들어선다. "한 생이 썰물처럼 밀려가고 있을 때", "이 마른 시간 무슨 셈을" 할 수 있겠는가. 한편 극장 앞은 꿈과 희망, 판타지를 판매하는 곳이다. 여기서 대기하면서 은유로 다가오는 밤을 누리고자 한다. 어둠 속에서 스크린을 보면서 사람들은 꿈을 꾼다. 인간의 욕망과 이상과 온갖 바람 같은 것들을 담아내면서 그것을 통해 대리충족을 하거나 새로운 욕망을 품는다. 지금 주체는 다양한 공간에서 기다리는 행위도 그렇고 대기 시간을 가져야 하는 이 순간이 만족스럽지 못하다. 언제까지 우리는 누군가를, 무엇을 기다려야만 하는 것일까? 이러한 물음은 한 치 앞도 모르고 살아가는 길목에서 자꾸 갖게 된다.

빈속은 더부룩하고
먹어도 헛헛한데
불콰한 포장마차 기우는 저 조각달
계절은 빛으로 말하고
인생은 패션이다.

오는 봄 꽃 지는 날 좌판 앞에 겨운 졸음
몇 굽이 짙은 그늘
밟는 곳 돌 자갈밭
준마에 채찍질해도 승자는 앞서간다.

걷고 또 뛰어넘어
달리고 매달려도
사는 일 별것이던가, 왜 그리 옹잘거리나
더러는 모르고 가나
꽃밭 볼 날 있다네.

-「모르고 가는 길」 전문

누구에게나 처음인 인생은 낯설고 무지하며 서툰 것 투성이일 것이다. "빈속은 더부룩하고/ 먹어도 헛헛"한데다 "몇 굽이 짙은 그늘/ 밟는 곳"마다 돌 자갈밭이어도 때가 되면 봄이 오고 꽃도 피니 지금의 설움을 이겨내고 감당해야 한다는 전언을 담고 있다. 인생사 새옹지마로 예측할 수가 없다. 한 번도 경험해 보지 못하고 모두가 처음 가는 길이기에 누구에게나 똑같은 기회가 주어져 있다. 인생사는 모두 모험이고 도전이다. 시간이 흐르면 그늘진 곳이 볕 들고, 볕든 곳이 그늘지게 돼 있다. 해의 위치가 바뀌므로 지구의 북반구가 여름이면 남반구는 겨울이고, 여기가 낮이면 저기는 밤이듯 이 모든 게 상대적인 개념으로 이뤄져 있다. 빛과 어둠, 한난조습寒暖燥濕은 상대적이다. 원래 이미 함께 있는데 우리는 부분적으로만 그것을 경험할 뿐이다. 인생을 살다보면 다 겪게 되는 부분인데 너무 슬프고 어려운 일만 기억하지 말라는 것이다. 따지고 보면 균등하다. 행·불행이 다 같이 함께 주어져 있다. 거기에 대해 한쪽만 치우쳐서 생각하면 안 된다. 기뻐할 것과 꺼려할 대상이 항상 같은 장소에 있다는 희기동소喜忌同所라는 말과 닮았다. "걷고 또 뛰어넘어/ 달리고 매달려도" 사는 일이 별것 아닌 것을, 지금 힘들다고 투덜거리거나 옹잘거리지 말라는 이야기다. 오랜 시간 비바람 견뎌온 시적 주체의 경험 속에는 "꽃밭 볼 날"을 만났던 그 순간의 희열도 존재한다. 시인은 꽃밭 볼 날을 기다리면 반드시 온다는 믿음으로 길을 걷는 중이다.

3. 대속과 구원

땡볕이 비켜 앉은 구저분한 골목어귀
풍기는 역한 바람 끌어안고 머문 자리

품고 또 감내하느라
쏟아붓는 더운 숨결

아련한 풀잎향기 들꽃의 마른 울음
가볍게 서지 못한 무채색의 쌓인 고통
뉘라 저 헛헛한 마음 밭에
샤론의 꽃 피우나

구김새 펴지 못한 낯빛에 눈곱자기
엇박자 비스듬히 가락이 얽힐 때도
목이 멘 알땅의 허기
달랠 길이 아득한데

굴풋한 여정의 길 저무는 서녘 하늘
길 없는 펀더기에 무게 잃은 시린 발목
늘 봐도 낯설고 낯익어
다시 번진 들불이다.

구겨진 삶의 자락 연잎처럼 펼 수 없나
가라앉는 눈빛 속에 하늘빛 담으려고
몸 낮춰 십자가 지고
자드락길 또 오른다.

-「샤론의 꽃·2」 전문

여기, 고단한 삶을 끌어안고 기도하는 아프리카의 어느 선교사가 있다. 샤론의 꽃은 예수의 사랑과 은혜를 가리키는 은유적인 표현이다. 신학적으로 예수를 의미하는 샤론의 꽃은 예수의 사랑이 가장 낮고, 보잘것 없고, 비루하고, 미천한 곳에 임하고 있음을 보여준다. "구저분한 골목어귀", "역한 바람" , "마른 울음", "무채색의 쌓인 고통" 등은 아프리카의 불결하고 열악한 상황을 묘사한다. 어느 선교사는 아무런 희망과 구원을 기대할 수 없는 아프리카에 가서 예수의 사랑과 은혜를 베풀고 포교를 하려고 한다. 십자가는 그들의 고통을 대신 짊어지고 신에게 구원을 바라는 상징이다. 종교는 이들에게 정신적인 희망과 용기, 삶에 대한 가능성을 주는 존재다. 주체는 "땡볕이 비켜 앉은 구저분한 골목어귀"에서 "역한 바람 끌어안고 머문 자리"를 품고 또 감내하는 존재들을 향해 "헛헛한 마음 밭"에 '샤론의 꽃'을 피우고자 한다. 그곳은 "목이 멘 알땅의 허기"를 "달랠 길이 아득한" 곳으로 구원과 사랑의 손길이 필요한 곳이다. 주체는 "구겨진 삶의 자락 연잎처럼 펼 수 없"을까 싶어 "몸 낮춰 십자가 지고" 자드락길을 또 오른다. 쉽지 않은 길이라는 점에서 '모르고 가는 길'과 다를 바 없다. 이 시에서 우리는 구원의 손길이 필요한 곳을 찾아서 계속 손 내밀면서 자신을 헌신하는 인간 사랑의 모습을 담아내는 성찰적 사유를 읽을 수 있다.

온갖 것 끌어안고 목이 꽉 메어도
눈물이 메말라서 소리 없이 곡을 하고
소매 깃 여민 막서리의 꾀죄죄한 저 낯빛

헐고 또 헤어져도 관심은 뒷전이라
살점이 떨어져나간 슬픔 다 잊고
숨겨진 구석진 자리
지새우는 하얀 밤.

장판지에 콩땜 하듯 회심의 침묵 속에
낯설고 낡은 것들 햇살 먹은 물빛으로
이 한 생 잔등이 터져
윤슬의 꽃 피운다.

주럽이 쌓인 나날 된시름 그냥저냥
갖은 고통 보듬어 가만히 내려놓고
몸으로 그린 수채화
새 향기를 풍긴다.

「걸레」 전문

걸레는 숭고한 존재다. 자기가 더럽혀지더라도 악취와 오물을 뒤집어씀으로써 세상을 보다 더 깨끗하고 향긋하게 만드는 대속자와 같은 역할을 해내기 때문이다. 세상의 온갖 죄와 허물을 다 짊어지고 가는 예수의 삶과 닮았다. "온갖 것 끌어안고 목이 꽉 메어도" "눈물이 메말라서 소리 없이 곡을 하"는 대속하는 존재로서의 희생은 오직 "살점이 떨어져나간 슬픔 다 잊고" "숨겨진 구석진 자리"를 하얗게 지새우는 고단한 삶으로 이어진다. 그런데 우리는 그 걸레를 더럽고 악취가 난다고 비난한다. 그리고 부도덕하고 악의적인 사람이나 사태에 '걸레같다'는 비유를 곧잘 한다. 걸레가 짊어진 것들은 모두 자신들의 허물에서 나온 것인데, 걸레를 탓하며 회피한다. 우리는 자신이 지나간 자리의 오물을 닦아 준 걸레를 잘 챙겨야 한다. 한쪽 구석진 곳에 내팽개칠 것이 아니라 걸레도 좀 깨끗하게 빨아 써야 한다. 헐고 또 헤어지는 아픔을 보고서도 걸레에 대한 관심은 또 뒷전이다. 남의 막일을 해주며 사는 사람의 꾀죄죄한 낯빛으로 걸레는 마냥 노예 같은 삶을 살아간다. 스스로를 위해 닦는 것이 아니라 세상의 오물과 악취와 허물과 때를 모두 자기가 짊어지는 것이다. 윤슬이 꽃 피우고 새 향기를 품어 가는 것은 걸레가 대속자로서 역할을 해내고 있다는 의미가 되겠다. 피곤이 쌓인 나날의 시름과 갖은 고통 가만히 내려놓고 "몸으로 그린 수채화/ 새 향기를 풍긴다"는 역설적 마무리로 소중한 존재로서의 걸레의 속성을 표현하기 위한 전략이 아닐까.

4. 그리움을 품고 깁다

이민 간 친구가 고향 한번 가잔다.

그리운 고향집은 남쪽이다 누렁소가 풀을 뜯는 산중턱 키 작은 보리수 아래 옹달샘이 솟는 마을 디딜방아 소리 그치면 몰려들던 참새 떼가 다 이사 갔다. 집집마다 연기가 피어오른 저녁때 짚볼 차는 아이들로 북적이든 고샷과 마당은 엉겅퀴 개똥쑥 바랭이 망초가 진을 치고 텃세라 그 마당 밟아보지 못하고 돌아서는데 니네 여기 기웃거릴 곳 아니라고 뒷산 솔숲에 까마귀 호령소리 귓가에 맴돈다.

노을은 더 깊어지고 목이 잠긴 늦가을

-「저녁때」 전문

이제 고향은 참새마저도 찾아오지 않은 곳이 되었다. 이민 간 친구가 고향 한번 가자고 했으나, 옛날 고향 모습을 다 잃어버려 그릴 수가 없게 되었다. 맥수지탄麥秀之嘆은 보리만 무성하게 자란 것을 탄식한다는 뜻인데, 고국의 멸망을 한탄하며 이르는 말이다. 기자가 은나라가 망한 뒤에도 보리만은 잘 자란다는 것을 보고 한탄하는 데서 유래한 말인데 여기서 망해버린 고국은 옛 모습을 잃은 고향으로 생각해 볼 수 있다. '저녁때'라는 시간적 배경도 고향 상실의 이미지를 형성하는데, 해질녘 이미지가 무언가가 사라져가는 분위기를 만들어내기 때문이다. 곧 어둠 속으로 묻혀 버릴 곳인데, 지금 고향이 그렇게 변했다는 의미다. 계절 역시 늦가을이다. 시·공간적 이미지와 '노을'의 상징 자체가 쇠잔해서 사라져가는, 즉 어둠에 묻혀가는 고향에 대한 이미지를 형성하고 있다. 이 시에는 전반적으로 사라져 가는 고향에 대한 애수와 안타까움이 담겨 있다. 게다가 친구도 이민 간 상황으로 설정돼 있다. 엄밀하게 따지면 시적 주체나 이민 간 친구나 모두 고향을 잃은 존재다. 요즘은 고향이 재개발이나 재건축으로 없어지기도 하지만 이곳 고향은 한동안 사람의 발길이 끊긴 채 방치된 듯하다. 옛 모습을 잃어버리고 인적이 드문 곳이 돼 버린 고향은 이제 늘 마음에서 그리워하는 곳이 되어 버린 안타까움을 표현하고 있다.

하얀 밤 꽃물들인 박음질 공그르기
볼수록 따스해진 수십 조각 삶의 즐문
한 시대 보듬는 손길 차분하게 와 닿는다.

가슴 속 한복판에 진하게 새겨놓은
어머니 기도제목 흠뻑 쌓인 그 보자기
조상의 넋이 스며나 아늑하게 안긴다.

가라앉은 밝은 낯빛 어울림 되살아나

빛바랜 그 시절의 등불 아래 속삭임이

볼수록 수더분하게 숨소리가 들린다.

-「조각보 · 3」 전문

빛바랜 그 시절은 어머니와 함께 했던 시간이다. 그 시간은 너무도 간절한 그리움의 공간이어서 현재의 시·공간으로 '와 닿고', '안기고', '되살아나고', '들리는' 공감각적 행위로 이어진다. 어머니가 어스름 불빛 아래 조각보를 깁고 있는 모습은 지금의 시적 주체에게 현재형의 그리움이다. 조각보 자체도 남루하지만 그것을 어스름 불빛 아래 깁는 모습은 힘겹고 가난하고 어려운 시기를 견뎌온 "수십 조각 삶"을 엿보게 한다. 그러나 주체에겐 어머니가 곁에 있어서 포근하고 따뜻한 이미지로 환하게 남아 있다. 그의 시의 곳곳에 등장하는 '하얀 밤'은 박음질을 하느라 밤을 새운 어머니의 밤이면서 어머니의 그 시간을 그리워하며 잠 못 드는 주체의 밤일 수도 있다. "볼수록 따스해진 수십 조각 삶의 즐문"이 "한 시대 보듬는 손길 차분하게 와 닿는다"는 표현처럼, 전 시인의 시에서는 닿을 수 없는 시간과 공간에 대한 그리움이 농밀하게 녹아 있다. "가슴 속 한복판에 진하게 새겨 놓은/ 어머니 기도제목 흠뻑 쌓인 그 보자기"는 하얀 밤을 새우며 어머니가 기웠을 조각보이면서 주체의 가슴에 새겨진 그리움의 조각보이기도 하다. "가라앉은 밝은 낯빛 어울림 되살아나" 빛바랜 풍경 속 어머니의 속삭임과 숨소리를 듣는다. 그리운 시·공간을 벗어나지 못하는 시인은 조각조각 흩어진 과거와 현재를 기우며 그곳에 머문다.

어둑한 하늘자락 받쳐 든 난바다에
뭇별이 곁들이는 너울과 씨름하는데
아득히 마푸토의 불빛 그 거리가 삼삼하다.
(…)
두 아이 서린 눈빛 아내의 살 냄새며
배어든 밤바다에 붉은 가슴 저미다가
세상사 다 풀어헤쳐 파랑 또 벗 삼는다.

–「마푸토의 불빛」 첫수와 셋째수

마푸토는 모잠비크의 수도로, 어부의 가족이 머무르는 곳이다. 원양 어부는 가족을 두고 생업을 위해 먼 바다로 나왔다. 몇 개월 바다에서 살면서 가족을 그리워하는 이 풍경은 해양시의 일반적 상황이지만 '바다'라는 넓은 공간 역시 삶과 죽음이 공존하는 곳이기에 마냥 반가울 수만은 없다. "어둑한 하늘자락 받쳐 든 난바다"라는 밤의 바다를 배경으로 시작된 이 시는 바다가 고요와 함께 위험을 동반하는 곳이라는 이미지를 안겨 준다. 주체는 선상에서 "아득히 마푸토의 불빛 그 거리"를 그리워한다. "멀기가 밀려든 뱃전 포말처럼 사"르는데, 근처에는 뭍이 보이지 않는다. 목숨 걸고 어업활동을 하고 있는데 그때마다 "두 아이 서린 눈빛 아내의 살 냄새"가 그립고 불현듯 밥상머리에 둘러앉은 가족들 얼굴이 떠오른다. 지금 이 순간도 그리움이 될 수 있다는 것을 기억한다면 현재를 더 소중하게 품을 수 있지 않을까? "그 품이 그리워져서 채비를 또 서"(늘어진 발씨)두르는 존재들의 뒷모습과 "한 사내 메아리 없는 그리움에 젖는"(수굿한 어느 날) 풍경도 '나'이면서 '너'인, 우리들의 삶이다. 주체는 "멀고 먼/ 세한의 바닷길"에 "복제된 네가 있"(세한의 바닷길)어 뱃머리를 그곳으로 돌리고 있는 것인지 모른다.

5. 다시, 바닥에서

어느 날 느닷없이 王자를 펴보이자
누구는 희죽 웃고 무리는 어리둥절
세상사 어처구니는 있다 없다 하는 것

조가비 낚아채서 돌아선 문어 같은
잠 설친 바람소리 꿈결처럼 바뀐 명암
징이의 요설에 따라 어처구니 빼어들어

좌우로 돌려대나 상하로 휘두르나
한살이 이러나 저러거나 바뀌고 바뀔걸
몸에 밴 위리안치를 탈출하기 쉽잖다

-「어처구니」 전문

어처구니는 맷돌 손잡이를 말한다. 우리는 살면서 이 어처구니 없는 일을 많이 만난다. 주체는 '어처구니'를 이야기하기 위해 어느 날 느닷없이 손바닥에 쓴 왕王자를 펴 보이자 누구는 웃고 누구는 어리둥절한 일이 있었다는 상황을 전제한다. "세상사 어처구니는 있다 없다 하는 것"이지만, "잠 설친 바람소리 꿈결처럼 바뀐 명암"은 참으로 어처구니가 없다. 이 시는 지난 3월 9일 대선 개표 현황에서 바뀐 명암을 이야기한 것으로 보인다. 갈라치기 혹은 편 가르기로 이어지는 이 상황은 "쟁이의 요설에 따라" 좌우 혹은 상하로 휘둘린다. 누가 대통령이 되든 노예와 같은 삶에서 벗어나기는 쉽지 않다. 어처구니가 없으면 맷돌을 못 돌리는데, 국민들의 처지가 이 상황과 똑같다. 어처구니가 없어 두부를 못 만들고 못 먹으니 더 이상 아무것도 못하게 되는 삶을 이야기하는 듯하다. 위리안치圍籬安置는 유배된 죄인이 거처하는 집 둘레에 가시로 울타리를 치고 그 안에 가두어 두던 일을 말한다. 그만큼 탈출하기 쉽지 않은 절망과 고통의 자리에 우리는 놓여 있다는 것이다.

> 잊을까 잊을 수도
> 버릴까 버릴 수도
>
> 올서리 푸서리길 잎사귀 달구는데
> 마음의 비가 내리어 하얀 밤을 적신다

흥청대다 돌아서면
죽은 듯한 저 고요

이생의 여울 한 가닥 나래를 펴보지만
작은 잔 달콤하게 채워 치켜들 수 있으랴

"바라는 것의 실상은 무엇이며, 보이지 않은 증거"는 무엇인가
뉘라 저 고난의 쓴잔 감당할 수 있으랴.

-「내 작은 잔을 위하여」 전문

"숨겨진 구석진 자리/ 지새우는 하얀 밤"(걸레), "하얀 밤 꽃물들인 박음질 공그르기"(조각보·3)에서도 그렇지만 천강래 시인의 시에는 '하얀 밤'의 이미지가 종종 등장한다. 무언가로 쉽게 잠이 들 수 없는 밤, 계속 깨어 있어야 하는 상태의 밤이 지속되고 있다는 것일까? 누군가를 하염없이 기다리고 그리워하는 행위는 그래도 존재의 의식이 건강하게 살아 있다는 것을 의미한다. 히브리서 11장 1절에는 "믿음은 바라는 것들의 실상이요 보이지 않는 것들의 증거니"라는 구절이 적혀 있다. 자기가 진정으로 바라면 보이지 않더라도, 보지 못하더라도 확신을 갖게 되어 이 고난의 쓴잔을 감당할 수 있다는 뜻인가? 바라는 것은 소망을 의미하는 것이지 욕망을 의미하는 개념은 아니다. 원하는 것이 아니고, 소망은 안식을 얻는 것, 즉 평온해지는 것을 의미한다. 그러

니까 믿음이 바라는 것들의 실상이라는 의미는 어떠한 고난 속에서도 하느님의 사랑이 이루어질 것이라는 믿음을 갖고 사랑을 실천하며 인내하는 것을 말한다. 성서에서는 소망을 붙들고 삶 속에서 믿음을 지켜 실천하는 것이 완전한 구원에 이르는 길이라고 말한다. 그래야 소망이 이루어지는 실체를 볼 수 있다는 이야기다. 그러나 그 길이 평탄하지만은 않다. 보이지 않는 것을 증명해야 하기 때문이다. 우리는 사도 '도마'와 같은 존재로, 보여야 믿는다. 때로는 눈에 보이지 않더라도 믿고 참고 견디며 사랑을 베풀면 더욱 견고한 평화와 안녕이 깃들지 않겠는가.

뜨겁게 작은 것을 끌어안으려는데
아득히 저 먼 허공 오로라에 홀린 밤
내 눈은 뭇별을 봐도 담을 수가 없다

진실과 거짓 사이 장애물이 진을 칠 때
무대 위 춤사위 장막이 가로막을 때
바닥을 치고 올라야 밝고 먼 길 볼 수 있다

조명을 비춘 순간 흑암으로 덮이는데
급류에 휩싸일 때 부표가 손에 닿는 날
내 마음 다툼이나 허영 품을 수가 없다

뿌리는 씨앗이 어디에 떨어졌는지
바라볼 화려한 열매 얼마나 더 맺을지
흙바닥 파헤쳐봐야 가늠할 수 있다

–「바닥」 전문

거짓과 진실 사이에 장애물이 진을 쳐 이 둘을 구분하지 못하게 만들고 있다. 주체가 서 있는 무대에 장막이 가로막혀 더 이상 올라갈 수가 없다. "바닥을 치고 올라야 밝고 먼 길"을 볼 수 있다. 주체는 "조명을 비춘 순간" 사방이 흑암임을 인식한다. 그리고 "급류에 휩싸일 때" 부표가 손에 닿으면 부표에 의존할 수밖에 없는 상황이라는 것도 인지한다. 부표에 의지해야 하므로 마음의 다툼이나 허영 등을 품을 여력이 없다. 밑바닥부터 뭐든지 시작해야 하는 상황이다. 흙바닥 파헤쳐 봐야 어떻게 자랄지 얼마만큼 열매를 맺을지 알 수 있다. 이 역시 존재의 상대성이다. 바닥을 밟고 치고 올라야 더 멀리 볼 수 있다고 했다. 그리고 어둠이 있어야 빛을 담을 수 있다. 그래서 어둠, 즉 밤이 필요하다. 빛(조명)을 비추는데 흑암으로 뒤덮인 상황이 또렷해지는 것 역시 존재의 상대성이다. 사신을 감싸고 있던 것들이 조명이 비치는 순간 흑암이었음을 알게 되는 것이다. 주체가 너무 밝은 빛에 감싸여 있으면 어둠을 보지 못한다. 이제 "뿌리는 씨앗이 어디에 떨어졌는지" "흙바닥 파헤쳐" 볼 일이 남아 있다. 우리의 삶이 출발하는 '바닥'은 바닥이기에 안전하고 바닥으로부터 시작하기에 희망이 있다. 모든 것의 시작이 되는 '바닥'에 대한 인식의 전환이 필요하다.

6. 둥글어지는 것들

따스한 봄날이나
가을 산 단풍보다
푹 빠져 젖고 싶어 해변 찾아 나선다
찌든 삶 다 씻어내고 안겨주는 파도소리
난바다 끌어와서 한마당 반겨주는
윤슬의 밝은 미소 생기 넘친 아침나절
수시로 갈마든 애증 풀어지는 물결위로
분홍빛 설레임이 연안류 타고 넘어
조석파 철석거려 짜르륵 몽돌 굴리는 소리
물 향기 살아 숨 쉬는
소리의 맛 출렁인다.
물가에 서는 그날 마음 문이 다 열려
갯냄새 베어나는 메밀꽃 이는 소리
기다린 사람 없어도 안겨오는 그 소리

-「소리의 맛」 전문

몽돌이 있는 해변으로 파도가 들어왔다 나갔다 할 때 만들어지는 소리는 남다르다. 모래사장에 파도 소리와 몽돌 해변의 파도 소리가 다르다는 발견에서 '소리의 맛'이 탄생한다. 몽돌은 강 상류에서부터 굴러 내려온다. 처음 강 상류에서 내려오기 시작할 때는 모가 많이 나 있어 매끈하지도 않지만, 강물을 타고 하류로 내려갈수록 돌은 강물에 수없이 깎이고, 또 해변에 이르러 파도에 수없이 깎이다 보니 둥그스름해진다. 그래서 몽돌은 세파에 시달리며 온갖 산전수전을 다 겪어내, 좀 더 여유롭고 관대해진 노인의 모습에 비유된다. "찌든 삶 다 씻어내고 안겨주는 파도소리"를 이제야 들을 수 있다. "물가에 서는 그날 마음 문이 다 열려""갯냄새 베어 나는 메밀꽃 이는 소리"와 "기다린 사람 없어도 안겨오는 그 소리"는 시인이 그토록 갈망한 소리로, 부드럽고 포근하다. 기다리는 사람이 없어도, 기다리지 않아도 오는 그 소리를 갈망하는 사람이 몽돌 해변을 걸으며 그리운 존재들과 동행하고 있다. 돌산포구에서처럼 "바다는 둥글게 온몸 다 열어두고" "저 홀로 길을" 내며 "뒤엉킨 잡음 무늬 표백하며 잊"는다. 그렇게 자연스럽게 그들은 절실하게 서로를 끌어안으며 살아가는 법을 안다.

"좌우상하 어디에다/ 기대고 머무를"지 몰라 "수없이 타는 촉수"로 "환생의 몸부림"(숨 고르는 자벌레)을 해대는 자벌레의 삶을 견디면, 그 "숨 고르는 깊은 적막"을 지나 '날'이 열리게 된다는 자연의 순리를 통해서도 시인은 기다림을 이야기한다. 시인은 나방으로 태어나는 것을 환생으로 보는 듯한 이 시를 통해 마땅한 자리를 못 잡고 몸을 이리저리

움직이며 자리를 찾다 보면 거듭 태어난다는 것을 일깨운다. "가다가 가다 보면 누구나 다다를 곳"(빈 지게)이 있는데, "빈 지게가 힘겹다" 하여 가지 않는다면 길은 더 이상 나아가지 않는다. 스스로 나아가지 않은 길은 길이 될 수 없다.

천강래 시인의 시집에는 다 들여다보지 못한 다양한 삶이 농축되어 있다. 그의 시 오백나한의 연작과 연령의 연작, 그리고 '너'를 테마로 한 연작은 여러 모양의 삶에서 얻는 깨달음과 지혜를 발견하게 한다. 보편적이고 일상적인 삶의 모습을 은유하는 연령 연작도 흥미롭지만, 너 누구신가, 너 누구시라고, 너 무엇이라고요, 너 뭐라고 등의 연작은 다분히 서정적인 가운데 성찰의 울림을 준다. 이 연작의 대상은 모두 '너'이면서 '나'인, '우리'의 모습이다. 다양한 일을 하면서 자기 나름의 삶을 가꾸어가는 존재들의 군상들을 묘사하며, 고단하지만 성실하게 살아가는 모습이 아름답다는 당연한 진리를 품고 있다. 당연하지만 잊고 있는 것들에 길이 있다는 것을 지각해야 하지 않을까? 천강래 시인의 시는 서로의 존재 속에서 자기 자신의 존재감을 증명하는 모습을 다양한 시선과 각도에서 조명하고 있다는 점에서 의미가 있다. 그것이 그의 시가 서정적이고 자연 친화적인 재료를 활용하면서도 단순 묘사나 표현에 함몰되지 않고 빛나는 사유를 끌어내는 까닭이다.